la courte échelle

Les éditions de la courte échelle inc.
5243, boul. Saint-Laurent
Montréal (Québec) H2T 1S4

Direction artistique:
Annie Langlois

Révision:
Sophie Sainte-Marie

Conception graphique de la couverture:
Elastik

Mise en pages:
Sara Dagenais

Conception graphique de l'intérieur:
Derome design inc.

Dépôt légal, 3e trimestre 2005
Bibliothèque nationale du Québec

La courte échelle reconnaît l'aide financière du gouvernement du Canada par l'entremise du Programme d'aide au développement de l'industrie de l'édition pour ses activités d'édition. La courte échelle est aussi inscrite au programme de subvention globale du Conseil des Arts du Canada et reçoit l'appui du gouvernement du Québec par l'intermédiaire de la SODEC.

La courte échelle bénéficie également du Programme de crédit d'impôt pour l'édition de livres — Gestion SODEC — du gouvernement du Québec.

Données de catalogage avant publication (Canada)

Desrosiers, Sylvie

L'héritage de la pirate

(Roman Jeunesse; RJ140)

ISBN 2-89021-777-9

I. Sylvestre, Daniel. II. Titre. III. Collection.

PS8557.E874A7 2005 jC843'.54 C2005-940970-3
PS9557.E874A7 2005

Imprimé au Canada

Sylvie Desrosiers

Sylvie Desrosiers aime autant émouvoir ses lecteurs que les faire rire. Son chien Notdog amuse les jeunes un peu partout dans le monde, car on peut lire plusieurs de ses aventures en chinois, en espagnol, en grec et en italien.

À la courte échelle, Sylvie Desrosiers est également l'auteure de la série Thomas, publiée dans la collection Premier Roman, et de trois romans pour les adolescents. *Le long silence*, paru dans la collection Roman+, lui a d'ailleurs permis de remporter en 1996 le Prix Brive/Montréal 12/17 pour adolescents, ainsi que la première place du Palmarès de la Livromanie et d'être finaliste au prix du Gouverneur général. Pour son roman *Au revoir, Camille!*, elle a reçu en l'an 2000 le prix international remis par la Fondation Espace-Enfants, en Suisse, qui couronne «le livre que chaque enfant devrait pouvoir offrir à ses parents».

Sylvie Desrosiers écrit aussi des romans destinés aux adultes et des textes pour la télévision. Et, même lorsqu'elle travaille beaucoup, elle éteint toujours son ordinateur quand son fils rentre de l'école.

Daniel Sylvestre

Daniel Sylvestre a commencé très jeune à dessiner, et ce goût ne l'a jamais quitté. Après des études en arts graphiques à Paris, il a collaboré à des films d'animation, fait des illustrations pour des revues, réalisé des affiches publicitaires et travaillé en graphisme. Aujourd'hui, il partage son temps entre l'illustration de livres et son travail d'artiste graveur membre de l'Atelier Circulaire.

À la courte échelle, Daniel Sylvestre a créé le petit héros des bébés livres Puce. Il est aussi le complice de Bertrand Gauthier pour les albums Zunik; il a d'ailleurs reçu le prix Québec/Wallonie-Bruxelles pour *Je suis Zunik*. Il est également l'illustrateur de la série Clémentine de Chrystine Brouillet, publiée dans la collection Premier Roman, et de la série Notdog de Sylvie Desrosiers, collection Roman Jeunesse. De plus, Daniel Sylvestre est le directeur artistique de la collection Poésie. On peut voir ses illustrations dans de nombreux pays.

De la même auteure, à la courte échelle

Collection Premier Roman

Série Thomas:
Au revoir, Camille!
Le concert de Thomas
Ma mère est une extraterrestre

Collection Roman Jeunesse

Série Notdog:
La patte dans le sac
Qui a peur des fantômes?
Le mystère du lac Carré
Où sont passés les dinosaures?
Méfiez-vous des monstres marins
Mais qui va trouver le trésor?
Faut-il croire à la magie?
Les princes ne sont pas tous charmants
Qui veut entrer dans la légende?
La jeune fille venue du froid
Qui a déjà touché à un vrai tigre?
Peut-on dessiner un souvenir?
Les extraterrestres sont-ils des voleurs?
Quelqu'un a-t-il vu Notdog?
Qui veut entrer dans la peau d'un chien?
Aimez-vous la musique?

Collection Roman+
Le long silence

Série Paulette:
Quatre jours de liberté
Les cahiers d'Élisabeth

Sylvie Desrosiers

L'HÉRITAGE DE LA PIRATE

Illustrations
de Daniel Sylvestre

la courte échelle

À Thomas, Roxanne et Xavier
qui ont cogité avec moi

Chapitre I
La vie qui sauve la vie

Antilles, 1720

Étant donné les méfaits accomplis par les pirates du Jolly Roger, *soit les exécutions, les attaques, les abordages et les pillages, le capitaine Rackham le Rouge ainsi que tous les pirates du bateau sont condamnés, sur ordre de Sa Majesté le roi d'Angleterre, à être pendus haut et court jusqu'à ce que mort s'ensuive.*

Quant aux deux flibustières et acolytes de Rackham le Rouge, Mary Read et Anne Bonny, créatures sanguinaires et sans morale, elles sont aussi coupables. Mais à cause de leur état de grossesse, et par respect de la vie à venir, les deux femmes ne seront pas pendues.

Ainsi en a décidé la cour en ce jour du 16 novembre 1720.

Les pirates du *Jolly Roger* furent donc pendus; Mary Read et Anne Bonny, libérées. Mary, atteinte de fièvres tropicales, ne survécut que quelques semaines. Quant à Anne, on perdit sa trace. On raconte qu'elle emporta avec elle, outre son bébé, un trésor dont elle était la seule à connaître l'existence.

Chapitre II

Qui a eu cette idée folle, un jour, d'inventer l'école... de dressage?

Octobre est le mois des couleurs. Et ce charmant village des Cantons de l'Est est encore plus charmant lorsque les arbres ont viré à l'orange, au rouge et au jaune. Ce congé de la fin de semaine de l'Action de grâce est d'ailleurs un des moments les plus attendus par les touristes, qui accourent en grand nombre.

On déambule dans le village, où les boutiques de confitures et d'artisanat local font des affaires d'or. Tout le monde se la coule douce. Tout le monde, sauf les membres du célèbre trio des inséparables, Agnès, John et Jocelyne, sans oublier Notdog, connu comme étant le chien le plus laid du village.

Dans le salon du bungalow qu'habite Agnès, la jolie rousse qui porte des broches*, John et elle sont plongés dans des livres et des notes recueillies sur Internet.

— Un travail la fin de semaine d'un long congé! se plaint John. Si on m'avait dit que ce serait ça, le secondaire, j'aurais troublé ma sixième année!

— Doublé, John, pas troublé, le reprend Agnès comme elle le fait chaque fois que le garçon fait des fautes de français. Tu exagères un peu. Un travail sur les pirates, c'est quand même plus intéressant que de la géométrie.

John étale ses notes et remonte ses lunettes.

— Sur son navire, l'*Adventure Galley*, le capitaine Kidd et son équipage vont attaquer de nombreux bateaux et amasser une fortune considérable. Kidd sera pendu à Londres en 1701. Son corps enchaîné et enduit de goudron sera accroché au gibet, et la corde se brisera. Il faudra le pendre deux fois. Beurk!

* Appareil orthodontique.

Agnès tient un livre.

— «Roche Brasiliano était ivrogne et cruel. Lorsqu'il capturait des prisonniers, ce sinistre pirate les faisait brûler sur un bûcher pour asseoir son autorité sur ses compagnons.» Abominable. Dis donc, j'espère que Jocelyne s'est occupée de sa partie de la recherche.

— Je ne suis pas certain. Elle pense juste à l'école de tissage!

— Dressage, John, pas tissage.

En effet, non loin de là, une école de dressage vient d'ouvrir. En ce moment, Jocelyne, une jolie brunette de douze ans, y donne des ordres à son chien.

— Au pied, Notdog, au pied.

«Seigneur des chiens! songe Notdog. Comme si j'avais besoin d'être dressé! Est-ce que je ne fais pas déjà tout ce qu'elle me demande? Chercher, courir, jouer, dormir, m'asseoir, ce n'est pas assez? Au pied! Depuis quand il faudrait que je marche le museau au niveau de ses genoux? J'ai toujours couru devant...»

Bien sûr, Jocelyne n'entend rien des pensées de son chien. Elle s'applique avec d'autres élèves à essayer d'inculquer un peu de discipline à son animal préféré.

Elle écoute attentivement les leçons de M. Jack Russell.

— Vous ne devez pas laisser le chien vous dépasser!

Jocelyne se penche vers son chien, qui lui lance un regard misérable.

— Ah non! n'essaie pas de faire pitié! Ça ne fonctionne pas. C'est pour ton bien. Le plaisir de marcher ensemble au même rythme. Oui, d'accord, c'est un peu nono.

Devant elle, M. Russell continue sa leçon, tenant en laisse un doberman imposant, sans expression, le genre de chien

que les autres races appellent avec respect «patron».

— Si votre chien n'obéit pas à l'ordre «viens», vous n'avez pas de chien.

Jocelyne regarde Notdog. Il répond seulement quand il veut bien au commandement «viens». Elle a pourtant l'impression que son chien l'aime.

La leçon d'aujourd'hui se termine et Jack Russell va d'un chien à l'autre, distribuant caresses sur la tête et «beaux chiens» à tous les élèves. Une fois près de Notdog, M. Russell hésite une seconde et le gratifie d'un «bon chien», ce qui pique un peu l'orgueil de Jocelyne.

Pour Notdog, ça ne veut rien dire. Les chiens ne sont ni beaux ni laids. «C'est comme les chats, pense-t-il, ils ne sont ni beaux ni laids. Ils sont simplement cruels.»

— Mademoiselle, le collier de votre chien est trop lâche. Il pourrait l'enlever lui-même.

— Si le collier est plus serré, il va s'étouffer, proteste Jocelyne.

— Mais non. Il faudra le resserrer.

Jocelyne se dit qu'elle ne le fera jamais. Puis, le dresseur se penche vers Notdog.

Steve

— On va organiser une chasse au trésor. Tu vas aimer ça, mon toutou.

— Une chasse au trésor? Dans le cours? s'étonne Jocelyne.

— Oui. Pour évaluer le flair de votre chien.

— Super!

Notdog n'a pas l'enthousiasme de sa maîtresse. «Comme si mon flair avait besoin d'être évalué! Il me semble avoir fait mes preuves», marmonne-t-il. Parce qu'il aime contenter sa maîtresse, il marche au pied en direction du restaurant Steve La Patate, où ils ont rendez-vous avec John et Agnès.

Lorsqu'ils arrivent devant la porte, deux surprises les attendent.

La première: cinq motos chevauchées de personnages dignes des plus classiques histoires de pirates: tous laids, sales et ne sachant visiblement pas que le peigne a été inventé depuis belle lurette. Leur chef est nul autre que Bob Les Oreilles Bigras, le voyou du village, motard de service et ennemi juré des inséparables.

La deuxième est un écriteau collé dans la fenêtre et sur lequel on peut lire en lettres inégales: INTERDIT À NOTDOG.

Chapitre III

Peut-on dresser un motard?

Chez Steve La Patate, Steve arrive à peine à cuisiner les commandes des clients trop nombreux. Poutine, son perroquet, crie à tue-tête, ravi de cette foule de spectateurs.

— Tout le monde dehors! La graisse des patates frites est trop vieille! Un hot dog moutarde-ketchup, et que ça saute! Oh! Figaro, Figaro, Figaro, oh, oh!

Jocelyne entre en trombe. En colère, elle va voir Steve derrière son comptoir.

— Ça veut dire quoi, interdit à Notdog?

Gêné, Steve se retourne vers elle.

— Je n'ai pas eu le choix, Jo. Le règlement municipal interdit les animaux à l'intérieur. Et il y a eu une plainte.

— Quoi? Qui s'est plaint?

Steve montre un des motards dehors.

— Bob? Attends une minute!

Elle sort au moment où John et Agnès arrivent à leur rendez-vous.

— Bob Les Oreilles Bigras! C'est quoi, ton problème?

Le motard regarde Jocelyne, amusé. Pour impressionner ses amis, il y va de son rire le plus gras.

— Mon problème, c'est que je suis maintenant allergique aux chiens. Et comme je mange régulièrement chez Steve…

— Tu pourrais aller ailleurs, lance Agnès.

— C'est lui qui fait la meilleure poutine. Hein, les gars?

Les amis de Bob opinent de la tête et grommellent quelque chose d'inintelligible.

— Ils sortent d'où, eux autres? D'un centre de dentition? demande John.

Silence et point d'interrogation sur chacun des visages balafrés. Agnès murmure à l'oreille de John:

— Centre de détention, John, pas de dentition. Surtout à voir leurs dents...

Bob prend des airs de noble en s'adressant aux inséparables:

— Je vous présente mes amis d'école.

— Tu es allé à l'école? s'étonne Agnès.

— Oui, madame, au primaire, longtemps à part ça. J'y suis resté jusqu'à seize ans. J'étais dans la même classe que Ti-Guy Bacon, Barbe Verte, Gomme Balloune et Mom Moucher, ici présents. On s'est organisé une rencontre d'anciens de la sixième année. On fait un concours de menteries, ça vous intéresse?

Les inséparables ne sont évidemment pas intéressés, habitués aux mensonges de Bob, qui ment comme il respire. Mais une réunion de Bob et de ses acolytes, ça n'augure rien de bon.

Tout ce temps, Notdog est resté sagement assis près de Jocelyne. Il se délecte des mille odeurs entourant les motards. «Huile à moteur, fumier, porc à l'ail. J'adore.»

Mais voilà qu'arrive le dresseur, Jack Russell, en quête d'un bon repas. Il se penche vers Notdog, qui se tient droit et les oreilles molles.

— Prêt pour la chasse au trésor?

Bob réagit vivement:

— Quel trésor?

— C'est entre le chien et moi.

Jack Russell disparaît chez Steve. Jocelyne explique à John et à Agnès:

— C'est un exercice de l'école de dressage. Par contre, il faut que je vous parle du trésor d'Anne Bonny.

Ils s'éloignent, pendant que Bob rumine.

Non loin de là, à la bibliothèque municipale, une femme toute menue porte une drôle de tenue: pantalon et chemise aux manches bouffantes. Elle consulte les registres des naissances, les ouvrages de généalogie, les recensements, les cartes du village. Son épaule gauche cache un tatouage: une reproduction du vaisseau de pirates le *Jolly Roger*.

Chapitre IV
Quand Notdog joue aux cartes, ça brasse!

Il existe, un peu en retrait du village, une auberge datant du XVIIIe siècle qui fut jadis très fréquentée: le Pirate Maboule. L'installation d'une porcherie à proximité a sonné le glas de ce haut lieu touristique. Les propriétaires ont donc fermé l'établissement et ont déménagé près de la mer, à Shippagan, au Nouveau-Brunswick.

La bâtisse fut abandonnée, devenue invendable à cause des odeurs. Mais elle n'est pas inhabitée pour autant.

Dans le salon niche aujourd'hui une famille de ratons laveurs. Dans la cuisine, une belette pas sociable du tout. Dans les chambres, autant de mulots que de chauves-souris. Et un peu partout traînent de minuscules carcasses de bêtes variées, décédées de causes naturelles ou après avoir rencontré le renard qui visite les lieux régulièrement.

Bref, un paradis pour un chien en quête de paix ou de désennui.

C'est ici que Notdog a fui, après que sa maîtresse l'a laissé dehors, sur le perron du dépanneur de son oncle Édouard, en lui intimant cet ordre: «Reste!» Tout heureux d'être loin de l'école de dressage, il fouine dans tous les recoins.

«Voyons voir ce qui nous attend, pense Notdog. Une mouffette est passée par ici il y a… six jours et demi. Là, des écureuils ont caché leurs réserves. Ah! une planche qui a cédé. Un chevreuil, sans doute, a mis les pattes là.»

Notdog colle son museau au sol. Un nouveau trou dans le plancher signifie plein de nouvelles odeurs à découvrir. «Ça sent surtout le moisi... Qu'est-ce que c'est ça?»

De l'espace sombre et humide, Notdog extirpe un étui de cuir. Quand il trouve un objet inusité, il a l'habitude de l'apporter à Jocelyne. Elle l'accueille toujours avec des cris de joie, des caresses et, parfois,

avec une gâterie, comme les délicieux biscuits contre la mauvaise haleine qu'elle a commencé à lui donner.

Il y a bien une petite bourse dans le même trou mais, finalement, Notdog opte pour l'étui qui sent pas mal plus fort. Et le voilà reparti, tenant dans sa gueule son cadeau bien moisi.

* * *

Dans la chambre de Jocelyne, les inséparables rêvent d'écus et de doublons. Jocelyne rapporte ce qu'elle a découvert sur les femmes pirates.

— Vous vous rendez compte? On n'a jamais retrouvé Anne Bonny, ni son trésor, ni son enfant.

— Un trésor à trouver! Dommage qu'on habite si loin de la mer des Carabines! soupire John.

— Caraïbes, John, pas carabi... le corrige Agnès.

Elle est interrompue par Notdog qui monte les marches avec un bruit étonnant pour un chien de petite taille. Il dépose l'étui de cuir aux pieds de Jocelyne, puis la regarde fièrement. «Ça ne vaut pas un biscuit, ça? Deux biscuits?»

Jocelyne défait les cordons.

— Qu'est-ce que tu as encore ramassé dans les poubelles, toi?

Dans l'étui, il y a un vieux papier jauni. Elle le déplie avec précaution et l'étale sur le lit.

— Wow! Venez voir ça!

John et Agnès se penchent dessus. Devant eux se trouve une carte détaillée et marquée d'un X. À voir la tête qu'ils font, Notdog est persuadé qu'il aura trois biscuits.

Chapitre V
Qui veut jouer au paquet voleur?

Les inséparables tournent délicatement la carte dans tous les sens. John la scrute et s'arrête sur une minuscule tache, dans le coin inférieur droit. Deux lettres: A. B.

— C'est signé, annonce-t-il.

Agnès l'inspecte à son tour.

— Ça nous donne au moins une indication sur le sens de la carte! D'habitude, on signe en bas à droite. A. B...

— Ça pourrait être André Boisvert, Alice Beausoleil, Ariane Blanchet, enfin, n'importe qui, remarque Jocelyne.

— Anne Bonny? lance John.

Les trois trouvent cette idée complètement folle. Les seuls pirates qui aient jamais abordé cette région loin de la mer sont ceux de l'équipe locale atome de hockey, Les Pirates de Montagne.

— Je crois que je sais, dit Jocelyne.

Dans son coin, Notdog attend toujours sa récompense. «Ça ne vient pas vite. Donc ce n'était pas assez.»

Il s'éclipse sans que personne s'en rende compte. Il descend l'escalier qui mène au dépanneur de l'oncle Édouard. Dès qu'un client ouvre la porte, Notdog est dans la rue et se dirige vers les ruines du Pirate Maboule.

* * *

Non loin de la porcherie, Bob a élu domicile. C'est l'endroit idéal pour lui, car personne ne met les pieds alentour, vu l'odeur insupportable. Cette puanteur n'incommode pas Bob, habitué à se sentir lui-même. Bercés par les grognements des cochons, Bob et ses amis viennent de commencer leur concours de menteries en s'empiffrant de crottes au fromage.

— Voulez-vous savoir comment ma barbe est devenue verte? demande le bien nommé Barbe Verte.

Tous répondent «NON!», ce qui n'est qu'un encouragement à continuer.

— C'est à cause d'un rhume qui a duré une semaine!

Il éclate de rire devant la moue de dégoût de ses amis.

— À mon tour, dit Ti-Guy Bacon. Vous ne me croirez peut-être pas, mais je vous jure sur le siège de ma moto que je suis né avec six orteils à chaque pied!

— Montre-nous! Montre-nous! lance le choeur de voyous.

— Je ne peux pas, parce que le sixième est tombé.

Silence.

— Pas fort, ton histoire, juge Bob.

Mom Moucher ouvre un sac de bonbons au caramel durs à se casser les dents. Ce n'est pas grave dans son cas, car il n'a plus de dents. Il en lance un en l'air, qu'il attrape la bouche ouverte. Après les applaudissements de ses congénères, il raconte:

— Vous savez qu'on me surnomme Mom Moucher parce que je me mouche tout le temps. Ce que vous ne savez pas, c'est qu'un jour j'ai trouvé un mouchoir magique!

— Ça sert à quoi, un mouchoir magique? s'informe Barbe Verte, qui pense en lui-même que c'est ce que ça lui prendrait.

— Il m'a demandé de faire un voeu.

— Tu ne lui as pas demandé de ne plus te moucher? dit Ti-Guy Bacon.

— Non. J'ai souhaité d'avoir toujours un mouchoir propre dans mes poches. Ça a marché. À moitié. Il n'est pas toujours propre, mais j'en ai toujours un.

Gomme Balloune, comme son nom l'indique, mâche sa gomme. Il a mis un paquet de six dans sa bouche.

— Moi, j'ai du sang bleu.

— Marine ou poudre? lance Bob avec un rire gras.

— Du sang bleu, ça signifie que je descends d'une famille royale. Je suis l'arrière-arrière-arrière-petit-fils de la cousine du roi d'une île, malheureusement engloutie, de la mer des Caraïbes. Je vais vous montrer ma tache de naissance.

Il roule la manche de sa veste de faux cuir, relève celle de son chandail rayé. Apparaît alors le dessin d'un bateau. À son mât principal flotte au gré des mouvements des muscles un drapeau de pirates avec une tête de mort. Il s'agit du *Jolly Roger*. Personne dans cette assemblée de cinq cerveaux, qui n'en totalisent qu'un,

et encore, ne le sait. Même pas Gomme Balloune.

— C'est un tatouage, ça, pas une tache de naissance! lance Bob. Tu vas perdre le concours de menteries, c'est certain. Qui t'a tatoué? Il est bon en titi.

— Aucune idée, répond Gomme Balloune, déçu de perdre si facilement.

— À mon tour, poursuit Bob.

Mais il s'arrête là. Il vient de voir passer Notdog. Tout seul. Ça lui donne l'envie de s'amuser un peu.

* * *

Pendant ce temps, au dépanneur, Jocelyne n'est pas contente.

— À quoi servent les cours de dressage si Notdog se sauve comme ça? Tant pis, on ira sans lui.

Ils se dirigent en vitesse vers la cour de l'école, où déjà maîtres et chiens sont attentifs aux directives du dresseur, Jack Russell.

— Souvenez-vous: le but est de trouver la carte que j'ai aspergée de ceci.

Il montre une fiole d'huile de morse que les chiens iront sentir avant le départ.

— Après, ce sera à vous, les maîtres, de guider votre chien, et à lui de trouver la carte. C'est une activité à deux, je le répète. Vous ne devez faire qu'un avec votre animal. Prêts? Partez!

Une belle pagaille s'ensuit, alors que le malamute obèse de Joe Auto renverse M. Russell en reniflant la fiole, qui répand son contenu par terre. Tous les chiens lèchent le sol et mangent de la terre et du gazon avant que les maîtres réussissent à les contrôler.

Une fois les chiens partis et le dresseur relevé, les inséparables s'approchent de lui. Jocelyne sort la carte de sa poche.

— Excusez-moi, monsieur Russell...

— Où est ton chien, toi?

— Justement, c'est à son sujet. Je pense qu'il a déjà trouvé la carte.

— Déjà? Mais il n'est même pas ici!

— Je sais, mais il l'a trouvée.

Elle tend la carte à Jack Russell.

— Dites-moi, qu'est-ce que signifient les lettres A. B.?

Le dresseur prend la carte et l'examine en silence.

— Merci. Merci beaucoup, les enfants. Vraiment, ce chien est exceptionnel.

Il tourne les talons et entre dans la cabane qui lui sert de bureau.

— Il n'a pas répondu à ma question, observe Jocelyne.

C'est alors que la grande Camille, de troisième secondaire, arrive avec son labrador chocolat.

— Il l'a! Il l'a!

Elle brandit un papier.

— Mon Batman a trouvé la carte!

— Excuse-moi, Camille.

Jocelyne lui enlève le papier des mains. Il s'agit bien d'une carte dessinée grossièrement. Et qui sent très mauvais. Les inséparables s'élancent vers la cabane.

Jack Russell est en train de photocopier la carte. Jo lui montre l'autre carte.

— Ce n'est pas plutôt celle-ci, votre carte?

Jack hésite une seconde, puis bafouille:

— Oh! je me suis trompé!

Il retire la carte de la photocopieuse, la rend à Jocelyne en souriant.

— Je ne vois pas clair, on dirait. Il me faudrait des lunettes. Désolé.

Il reprend sa carte.

* * *

À l'auberge le Pirate Maboule, Notdog renifle partout.

«C'est vrai que c'était juste un bout de papier. Pas très impressionnant. Si elle était comme moi, ma maîtresse, un petit quelque chose à manger et elle serait contente. Mais elle aime bien n'importe quoi aussi. C'est difficile de savoir ce qui va lui faire plaisir ou ce qui va lui faire très, très plaisir. Cherchons, cherchons...»

Il gratte le sol et enfonce son museau dans chaque trou, dans chaque fissure assez large. Rien.

Il sursaute à des bruits de pas qui approchent. Son instinct, qui ne le trompe jamais, lui dit de se cacher très vite. Il se dissimule derrière une porte. Il a bien fait.

Chapitre VI

Le féminin de voyou est-il *voyouze*?

Une femme vient d'entrer dans les ruines de l'auberge. Elle promène alentour un regard scrutateur et soupire.

De sa cachette, Notdog juge qu'elle n'a pas l'air menaçante. Il s'apprête à sortir au moment où, d'un grand sac, elle sort gants, lampe de poche, lunettes et pied-de-biche. À la vue de l'outil, il décide de rester à sa place.

Elle commence son inspection par la cuisine. Elle passe ses mains gantées dans les vestiges des armoires. Avec le pied-de-biche, elle soulève des planches du sol, faisant fuir les souris et les araignées.

Elle inspecte les tuyaux. Elle fouille les garde-robes, cogne sur les murs, attentive à un son particulier qui lui indiquerait la présence d'une cachette. Au lieu d'entendre la résonance du vide, elle sursaute quand une voix crie:

— Je l'ai vu entrer là, le chien laid! Venez, on va lui faire peur! lance Bob Les Oreilles Bigras.

— Pas trop, quand même, insiste Barbe Verte qui adore les chiens, tellement qu'il porte au cou le collier de son défunt *pitbull*.

Les cinq motards entrent. Notdog se terre dans sa cachette.

— Notdog! Viens voir ce que mon oncle Bob a pour toi!

Bob avance dans les décombres, un sandwich à la moutarde dans la main.

— Pitou! appelle Ti-Guy Bacon.

— Minou! appelle Mom Moucher.

Bob s'approche dangereusement de la cachette de Notdog. On entend alors:

— Tiens, de l'aide. Salut!

Surpris, les voyous détaillent le petit bout de femme devant eux, habillée en pirate. Bob ne s'y trompe pas. Il sourit de toutes ses dents cariées: il a reconnu en elle une jolie canaille, comme lui.

Ils s'installent dans l'ancien salon pour faire connaissance. Notdog en profite pour filer, non sans prendre au passage, entre ses dents, la bourse qui se trouve dans le même trou qui contenait l'étui de cuir.

«Ça ne se mange pas, mais bon. Jocelyne sera peut-être contente», songe-t-il en s'en retournant.

* * *

Chez Steve La Patate, les inséparables tournent la carte dans tous les sens.

— Où est-ce que ça peut bien être? se demande Agnès.

— La carte est vieille. C'est peut-être tout près, mais les choses ont changé dans les garages depuis cent ans…

Les deux filles regardent John.

— Les parages, John, pas les garages, dit Agnès. Mais tu es un génie!

— Allons voir les cartes anciennes à la bibliothèque, suggère Jocelyne. Il faut bien commencer quelque part.

À l'heure qu'il est, ils savent qu'on les attend pour le repas du soir. Ils se donnent rendez-vous à dix-huit heures trente.

En rentrant chez elle, Jocelyne retrouve son chien qui s'avance vers elle avec son paquet. «Cette fois, j'ai gagné», pense

Notdog en voyant les yeux écarquillés de sa maîtresse. En effet, elle entre dans le dépanneur de son oncle et ressort aussitôt avec une boîte de biscuits pour chiens. Elle lui en tend quatre.

— Tu vas me montrer où tu as pris ça, Notdog.

«OK. J'y suis déjà allé deux fois, mais pour le reste de la boîte, j'irai encore!»

Avant de partir, Jocelyne monte cacher la bourse dans sa chambre. Elle consulte à toute vitesse son encyclopédie. Puis elle redescend et lance à son oncle:

— Agnès, John et moi, on a rendez-vous ici, tantôt. Quand ils arriveront, veux-tu leur demander de m'attendre?

Édouard Duchesne opine de la tête, en collant des prix sur des cahiers à colorier. Il ne se doute évidemment pas du danger auquel sa nièce s'expose.

* * *

Ce n'est plus l'été; la nuit tombera donc assez tôt. Jocelyne espère que Notdog ne l'emmène pas trop loin.

Lorsqu'elle réalise que son chien se dirige droit vers l'auberge du Pirate Maboule, elle est soulagée. Sauf qu'à quelques pas de là elle entend la voix de Bob. Elle s'arrête. Où Bob se trouve, l'endroit est à éviter. Elle hésite, tiraillée entre la prudence et la curiosité de savoir ce qu'il fait à l'endroit où Notdog a trouvé la bourse pleine de pierres rouges.

Selon les photos de son encyclopédie, ces pierres taillées seraient des rubis. Elles sont trop brillantes pour être en plastique.

Jocelyne avance en silence vers l'ancienne auberge. Elle tient fermement le collier de Notdog et lui ordonne de rester assis derrière un pin géant. Déjà, elle peut distinguer la conversation qui se déroule à l'intérieur.

— C'est comme ça que j'ai quitté l'Acadie, raconte la femme.

— Mary Read, c'est un drôle de nom pour une francophone, remarque Bob, soupçonneux. Es-tu sûre que c'est ton vrai nom?

Jocelyne peut apercevoir les voyous entourant une femme qui proteste avec véhémence.

— Pourquoi est-ce que je te donnerais un faux nom? On ne se connaît même pas!

— C'est vrai, ça, pourquoi? demande

Gomme Balloune.

Barbe Verte allume le feu dans la cheminée. Mom Moucher s'éponge le nez, ce qui montre qu'il est en train de penser.

— Une fille qui se promène avec des outils, qui défonce le plancher d'une maison en ruine et qui dit que c'est parce qu'elle cherche un souvenir d'enfance oublié par ses parents adoptifs, qui en plus étaient les anciens propriétaires... Moi, je dis que c'est probablement vrai, en fin de compte.

— Peut-être, rétorque Bob. Mais on ne fait pas le chemin de Shippagan à ici pour retrouver un toutou mangé par les mites,

hein, Mary? D'après moi, ton toutou, il vaut pas mal cher. Je pense que tu es une vraie *voyouze*, comme moi.

Flattée, Mary sourit. Bob poursuit:

— Si j'étais un pirate, je te prendrais sur mon bateau!

Le sourire de Mary se fige.

— Pourquoi parles-tu de pirates?

C'est alors que Gomme Balloune, assis tout près du feu, enlève sa chemise. Et que Jocelyne voit son tatouage. Bob et Mary continuent leur conversation.

— Maintenant, la vérité, Mary.

Mary hésite, puis tend une perche:

— Est-ce que ça te dit quelque chose, Anne Bonny?

— J'ai entendu ce nom-là ce matin.

— Où? demande Mary en contenant difficilement son excitation.

— Tu ne le sauras pas tant que tu ne m'auras pas expliqué ce que tu cherches.

À ce moment-là, Gomme Balloune se lève.

— Je vais chercher plus de bois.

Ne voulant pas se faire repérer, Jocelyne file en douce jusqu'à son chien. Lorsque Balloune sort, Notdog ne peut s'empêcher d'aboyer. Après tout, c'est sa tâche

de protéger sa maîtresse contre les êtres menaçants en jappant pour les effrayer.

Gomme Balloune sursaute. Il avance vers Notdog et Jocelyne qui n'ont plus le choix de déguerpir. Il se lance aussitôt à leurs trousses. Bob sort de la maison et, en criant, demande à son ami ce qui se passe.

— C'est encore le chien laid qui est là! répond-il. Il y a un enfant avec lui!

Bob s'élance à son tour.

* * *

Pendant ce temps, à la bibliothèque municipale, Jack Russell se confond tant bien que mal en excuses.

— C'est un malheureux accident!

La bibliothécaire, Maud Lepage, éponge l'encre que Russell a échappée sur la carte du village, qui date de sa création, en 1800. «Qu'avait-il besoin de remplir sa plume en débouchant son encrier sur la carte», pense-t-elle en essayant de sauver le précieux document.

Mais le mal est fait: la tache s'étend sur la carte et on n'y voit plus rien. Maud Lepage en pleure. Surtout qu'elle hésitait à prêter de nouveau cette carte, après la rudesse avec laquelle la femme inconnue l'avait manipulée.

Jack Russell s'excuse encore une fois et sort. Il s'éloigne en sifflant.

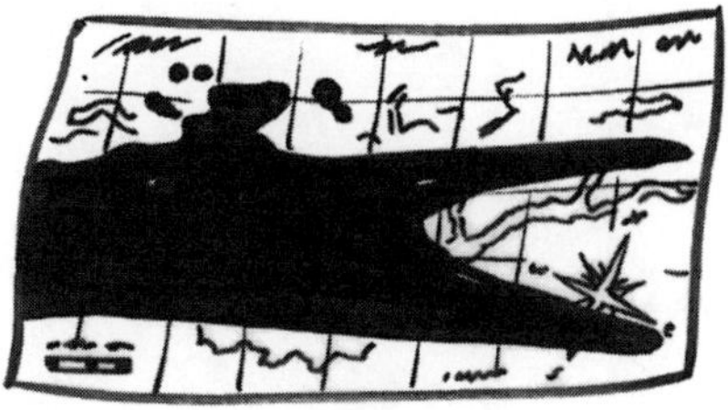

Chapitre VII
Roche, papier, ciseaux, allusions

Au dépanneur d'Édouard Duchesne, John et Agnès attendent Jocelyne depuis dix minutes. M. Duchesne est inquiet.

— Dis-moi, Édouard, commence John, de quand date le village?

— D'autour de 1800. Ça prenait du courage pour venir s'installer si loin. On voulait ainsi fuir quelque chose. La misère, par exemple…

— Fuir quelque chose, répète Agnès.

La porte s'ouvre avec fracas. Jocelyne entre, essoufflée. Notdog la suit, la langue pendante. Édouard se précipite vers elle.

— Qu'est-ce qui t'arrive?

— Il commençait à faire noir. J'ai eu peur que tu t'inquiètes, alors j'ai couru.

— Je me suis inquiété, oui. As-tu faim?

— Oui. Ne te dérange pas. Je vais me préparer un sandwich.

Les inséparables montent à l'étage à la course. Notdog, pour une fois, monte très, très lentement, épuisé.

* * *

John, Agnès et Jocelyne sont assis sur le lit de Jocelyne. Au milieu d'eux et prenant presque toute la place, Notdog essaie de dormir. Jocelyne raconte ce qu'elle a vu et entendu, et comment elle a réussi à se sauver de Bob et de son acolyte.

— J'ai pensé qu'en coupant à travers la forêt j'allais les semer. J'ai parié que Bob n'était pas assez intelligent pour utiliser la route et m'attendre à l'entrée du village. J'ai eu raison.

Les inséparables rient de bon coeur. Mais après que Jocelyne leur a conté la conversation dont elle a été témoin, il devient clair pour tous qu'elle était en danger. Bob essaierait certainement de lui faire raconter ce qu'elle sait de cette histoire de trésor.

— J'en sais beaucoup plus que vous croyez, leur dit-elle.

Elle leur montre la bourse contenant les pierres précieuses que Notdog a rapportée du Pirate Maboule, comme la carte.

— Voilà ce que cette Mary cherchait, en déduit Agnès.

— Et c'est relié à Anne Bonny! s'exclame John, réjoui.

— Dis donc, Jo, il a l'air de quoi, le tatouage de Gomme Balloune? demande Agnès.

— C'est un bateau.

John se lève et va à l'ordinateur de Jocelyne. Il l'allume, se connecte à Internet. Les filles s'approchent de l'écran. Des pages défilent.

— Là! lance John. Le *Jolly Roger.*

— C'est exactement le dessin des tatouages! constate Jocelyne. Et qui était pirate sur le *Jolly Roger*? Anne Bonny.

John tape le nom. Un document apparaît: FEMMES PIRATES CÉLÈBRES. Il ouvre le dossier et dans la liste apparaît le nom d'Anne Bonny. Et un autre: Mary Read.

Mary Read était un garçon manqué, toujours habillée en homme. Avec son mari auquel elle fut mariée trois ans, elle fonda une auberge en Angleterre. À la

mort de son mari, elle s'embarqua pour les Antilles dans le but de faire du commerce. Capturée par des pirates, elle se joignit à eux. Avec Rackham le Rouge et Anne Bonny, elle devint la terreur des mers tropicales.

— C'est très intéressant, dit John.

— Examinons encore une fois la carte, propose Agnès.

— Je pense qu'on devrait aller la comparer, demain, avec de vieilles cartes à la bibliothèque, suggère Jocelyne.

Quant à Notdog, même s'il savait parler, il ne ferait aucune suggestion, car il dort profondément en ronflant.

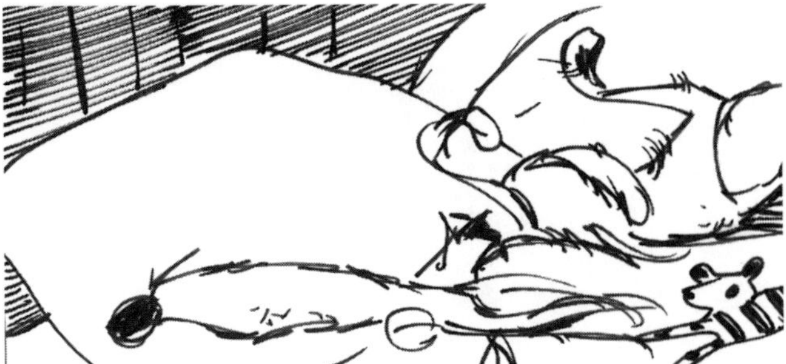

Chapitre VIII
Le télésiège en folie

Le lendemain matin, dimanche, les inséparables se pointent à la bibliothèque dès l'ouverture, à dix heures. Ils demandent une carte du village, la plus ancienne possible.

— Encore? s'écrie Maud Lepage. La carte que nous avons est en partie ruinée.

— Il aurait vraiment fallu qu'on la voie... se désole Jocelyne.

— Allez voir Paul Aunais. Quand il vivait à Varsovie, il était cartographe. À son retour au village, il a passé bien des heures avec nos vieilles cartes. Peut-être qu'il peut vous aider. Mais vous ne le trouverez pas chez lui. Cette fin de semaine, il est au centre de ski. Il aide les gens à descendre du télésiège en haut de la montagne. Il dort au refuge pour trois jours.

Le trio remercie Maud. Par précaution, les enfants décident de photocopier leur carte. Avant de sortir, Agnès lance:

— Comment ça, la carte est ruinée?

— Le dresseur de chiens a échappé une bouteille d'encre dessus, hier.

Pour les inséparables, il n'y a aucun doute: le geste était délibéré.

Le télésiège ne fonctionnera qu'à partir de midi. John, Agnès et Jocelyne ont donc le temps qu'il faut pour aller sur le terrain repérer ce qu'ils ont identifié sur la carte. Notdog les suit en traînant de la patte.

— Qu'est-ce qu'il a, ton chien? demande Agnès à Jocelyne.

— Il n'est pas en forme. Ça arrive même aux chiens.

En marchant, elle se penche, caresse Notdog et le gratte derrière les oreilles. «Mmm. Ça, j'aime ça», pense-t-il.

— C'est bizarre, dit-elle. J'ai parfois l'impression que mon chien sourit.

Ils atteignent la rivière qui traverse le village. John déplie la carte.

— Logiquement, le trait qui zigzague est un cours d'eau. Le seul de la région est notre rivière.

Agnès met un doigt sur la carte.

— Le X, ici, à droite, marque ce qui a l'air d'une colline ou d'une montagne. Et, à droite de nous, il y a une… chaîne de montagnes. Laquelle est la bonne?

— Difficile de savoir où se placer exactement le long de la rivière pour avoir la bonne perspective, réalise Jocelyne. La personne qui a dessiné cette carte a été avare de détails.

— Difficile de savoir aussi si Jack Russell en sait plus que nous. Il a photocopié notre carte et a vu l'antenne.

— L'ancienne, John, pas l'antenne.

— Et comme l'école de dressage est fermée aujourd'hui, pas moyen de le joindre, conclut Jocelyne.

Jumelles au cou, elle scrute la région. Elle n'est pas la seule, car Bob Les Oreilles Bigras la regarde à travers ses jumelles à lui.

Contrairement à son habitude, Bob s'est levé tôt, laissant ronfler ses amis dans sa demeure près de la porcherie. Aujourd'hui, il va suivre les microbes, comme il appelle les inséparables. «Les microbes vont faire tout le travail et je n'aurai qu'à cueillir le trésor», songe-t-il.

Cependant, il y a cette Mary qui tait ce qu'elle sait. Ils doivent s'associer contre leur gré pour réussir la filature. Mais chacun a l'intention de rouler l'autre.

De son côté, Jack Russell a déjà fait ses observations et ses calculs. Et il attend patiemment midi en sirotant un thé au citron au centre de ski.

* * *

Ce dimanche du festival des couleurs ne peut pas être plus parfait: il fait un soleil joyeux et chaud. C'est la journée idéale pour une promenade en montagne, dans les feuilles craquantes qui couvrent les sentiers.

À midi, une file s'allonge déjà au guichet du télésiège. Les inséparables avancent lentement, attendant leur tour. Notdog les accompagne, bien sûr, mais une certaine inquiétude le titille.

«Je n'aime pas ça. Mon instinct me dit que j'aurais dû rester à la maison. Normalement, quand on vient dans le coin, on emprunte les sentiers. Aujourd'hui, c'est différent. Non, ça ne me dit rien de bon.»

Une autre file se presse devant l'embarcadère des télésièges. Jack Russell, avec une pelle pliable dans son sac à dos, est tout près de monter.

Dans le stationnement, une moto a fait, exceptionnellement, une entrée discrète. Bob et Mary attendent que les inséparables aient acheté leurs billets pour les suivre. Ils les voient au comptoir, puis se diriger vers le télésiège. Bob accourt avec sa complice et pousse sans ménagement la personne qui tendait son argent au préposé du guichet.

— Excusez, pardon. C'est une urgence. Deux billets, tarif réduit.

Le préposé connaît bien Bob; tout le monde connaît Bob.

— Je sais que tu as douze ans d'âge mental, Bob, mais c'est plein tarif pareil.

Insulté, Bob veut protester. Mary l'arrête et l'entraîne avec elle.

— Il n'y a pas de temps à perdre si on ne veut pas être semés par les jeunes! Laisse faire. Il n'a pas tort, pour l'âge mental... C'est ce qui fait ton charme.

Voilà le siège de Jocelyne, d'Agnès et de John. Ils doivent se mettre à deux pour soulever Notdog et le tenir fermement.

«Ce n'est pas vrai! Ils ne vont pas me faire monter là-dessus! Si j'ai quatre pattes, c'est pour être au sol, pas dans les airs!» Notdog geint et se débat. Sa maîtresse essaie de le rassurer d'une voix douce en s'assoyant sur le siège qui les emporte vers le sommet.

— Ça va, mon chien, ça va aller...

Notdog tremble. Il regarde en bas. «Oh! que c'est haut, trop haut pour que je saute!» Il halète nerveusement. Il regarde derrière. «Danger.» Il se met à japper.

C'est à ce moment-là que Notdog glisse entre le dossier et le siège, et qu'il se retrouve à moitié dans le vide. Des cris fusent de toutes parts. Le télésiège s'arrête d'un coup sec.

Tous les passagers tentent de voir ce qui cause le problème. Les pattes arrière de Notdog pendent et s'agitent dans les airs. Jocelyne tient son chien tant bien que mal par les pattes avant. Agnès le tire désespérément, pendant que John tend un bras pour atteindre le derrière du chien et lui donner une poussée. C'est quand il réussit qu'il aperçoit Bob.

Notdog lui glisse des mains. Agnès lève la tête, desserre son emprise.

— Pas lui!

Notdog est plus près que jamais de tomber dans le vide. Jocelyne se met à pleurer. Sa force alors décuple et elle parvient à tirer son chien tremblant vers elle.

— Maintenant qu'ils nous ont vus, il va falloir donner un grand coup, remarque Bob.

—Lequel a la carte, déjà? demande Mary, innocemment.

Bob lui lance un regard hautain.

— Qu'est-ce que tu disais sur mon âge mental? Je ne vais pas te répondre, ça c'est sûr.

Le télésiège se remet en marche. De sa

place, Jack Russell a vu la scène. «Il faut que je sois plus rapide qu'eux», pense-t-il.

Dès son arrivée au sommet de la montagne, il court en direction de son but. Il est hors de vue lorsque les inséparables descendent du télésiège avec Notdog, à peu près paralysé. C'est un tout jeune homme qui les accueille.

— Peux-tu nous dire où est Paul Aunais?

— Dans le restaurant, je crois.

Ils filent à toute vitesse, faisant un détour pour semer Bob.

Quand Bob descend à son tour, il échappe sa clé de moto. Il laisse passer son siège, se penche, la ramasse, se relève, cherchant les inséparables des yeux. Il ne voit pas le télésiège suivant arriver et… l'emporter. Le temps qu'il réagisse, il est déjà trop haut dans les airs et n'a d'autre choix que de redescendre jusqu'en bas!

«Me voilà bien débarrassée», songe Mary.

Jack Russell suit sa carte. Mary Read suit son intuition. Bob suit le siège devant lui. Notdog suit ses amis. Et les inséparables suivent la flèche qui indique: RESTAURANT.

* * *

La montée est plus difficile qu'il pensait. Pourtant, Jack Russell puise en lui l'énergie nécessaire. Après tout, il y a un trésor au bout. Il y a longtemps qu'il fait des recherches, des Antilles en remontant la côte jusqu'à ce village perdu.

Bien sûr, il n'avait pas à ouvrir une école de dressage, mais n'est-ce pas grâce à un des chiens inscrits que la carte lui est tombée entre les mains? Jamais il n'aurait deviné qu'elle serait venue de ce chien-là: il avait l'air si idiot.

Voilà quelle est la teneur des pensées de Jack Russell, alors qu'il atteint, selon ses calculs, son but ultime. Sauf qu'il ne lui servira à rien de creuser ici: il n'y a, au sommet, qu'une immense, gigantesque roche qui mène de l'autre côté, dans le vide, tout simplement.

* * *

Les inséparables ont trouvé Paul Aunais en train de manger une soupe aux légumes bien chaude. Ils l'ont convaincu de les emmener dans les cuisines pour lui parler. Discrètement, Notdog a attrapé le pain à côté du bol et l'a avalé tout rond.

— Voilà, on voudrait que vous regardiez cette carte ancienne, commence Jocelyne en l'étalant sur la table. On pense qu'elle montre la région.

— Vous connaissez bien celle qu'il y a à la bibliothèque, aussi. Se ressemblent-elles? demande Agnès.

Paul Aunais n'hésite pas longtemps.

— Elles se ressemblent beaucoup.

— Alors, le X, ici, serait une de nos montagnes et peut-être même celle-ci. Est-ce que mon rayonnement est bon?

— Pardon? demande Paul Aunais.

— Il veut dire son raisonnement, hein, John? déduit Agnès.

— Exactement, répond John.

Paul Aunais étudie la carte avec minutie.

— Ton raisonnement est bon, mon garçon. Mais il est faux. Je vous explique.

Ils se penchent tous sur la carte. Et personne ne voit apparaître Mary Read. Elle se dissimule et écoute tranquillement la conversation.

— Voyez-vous, dit Paul Aunais, rien ne ressemble plus à une carte sur laquelle se

trouve une rivière entourée de montagnes qu'une autre carte montrant une rivière entourée de montagnes. Surtout dans cette région. Mais si on regarde de près, des détails diffèrent. Je connais bien la carte de la bibliothèque qui montre la rivière qui traverse le village. Cette rivière-ci n'est pas la même.

Les inséparables sont attentifs.

— Quand on demande à la bibliothécaire une carte ancienne du village, c'est toujours la même que Maud Lepage sort, soit celle qui ressemble au village actuel. Mais demandez-lui donc celle qui montre l'ancienne rivière, qui est maintenant souterraine. On ne sait jamais.

— On n'a pas une minute à perdre! lance John.

Les inséparables sortent en courant et se précipitent vers l'embarcadère. Mary les suit. Mais Notdog rebrousse chemin: il refuse catégoriquement de remonter là-dessus. Jocelyne doit le tirer de force.

— Désolée, mon chien, on n'a pas le temps de descendre à pied.

Ils se mettent à trois pour tenir Notdog qui se débat. Au moment où le siège arrive, il se résigne et se couche sagement sur Jocelyne qui lui couvre les yeux des mains.

Trois sièges plus loin, Bob arrive. Il descend. Mary le prend par le bras et l'assoit sur le siège suivant. Puis Jack Russell apparaît et s'assoit à son tour. En voyant les inséparables devant lui, il se dit que tout n'est peut-être pas perdu.

Quant à Notdog, il vient de découvrir que les chiens ont le vertige.

Chapitre IX

Points de repère et repaire de pirates

Maud Lepage sort d'un tiroir une carte conservée dans un étui de plastique. Elle la dépose avec précaution devant les inséparables.

— Celle-là date de 1700, bien avant la naissance du village. Voici notre rivière qui n'était qu'un ruisseau qui s'est élargi avec le temps. Ici, vous avez une rivière asséchée depuis longtemps. Une partie en était souterraine.

La porte principale s'ouvre sur quelques clients du dimanche qui viennent chercher ou rapporter des livres. Jack Russell a attendu ce moment pour entrer lui aussi. Il se fond dans le petit groupe et se dissimule derrière un rayon de livres. La bibliothécaire s'excuse auprès des enfants et va au comptoir, vers les abonnés.

Les inséparables sortent leur carte et la comparent avec celle de Maud.

— Si notre carte correspond à celle-ci, le X est situé où? demande Agnès.

— Par rapport à notre rivière, l'ancienne passe ici, ce qui semble être à la sortie du village, continue Jocelyne.

— Si c'était ça, il devrait y avoir une montagne ou une colline sous le X. Mais il n'y a pas de montagne aux mites du village, conclut John.

— Aux limites, John, pas aux mites, le reprend Agnès. Rien ne correspond. On s'est imaginé une histoire, soupire-t-elle.

Maud Lepage revient vers eux.

— Vous voyez, ici, cette colline? Elle a été rasée, imaginez-vous!

Les inséparables la regardent avec des points d'interrogation dans les yeux.

— Rasée, je vous dis. Pour implanter la porcherie, parce qu'autour ce sont des terres agricoles. Mon Dieu, vous êtes donc pressés, tout à coup!

Les inséparables filent déjà en vitesse. Ils disparaissent dehors, où les attend Notdog, qui pique un somme de chien passablement ébranlé.

Maud Lepage range la carte avec précaution, quand Jack Russell s'approche.

— Je peux voir?

— Seulement si vous me promettez de ne pas toucher! Vous n'allez pas me ruiner celle-là!

Elle reste à le surveiller, juste au cas. Lui aussi compare cette carte à la sienne.

Les inséparables et Notdog passent chez Jocelyne, puis vont directement à la porcherie.

Jack Russell aussi.

Mary et Bob, qui les suivent, ne savent pas encore qu'ils se dirigent tout droit chez Bob.

Chapitre X
Le ffffflair de Notdog

Chez Bob, Gomme Balloune, Ti-Guy Bacon, Barbe Verte et Mom Moucher prennent un peu de soleil.

— Moi, je pense que Bob et Mary sont partis se marier, lance Gomme Balloune en faisant éclater sa bulle géante.

— Ouais, il y a quelque chose entre eux, c'est sûr. Aïe! continue Ti-Guy en se coupant un doigt.

— Ce n'est pas très poli de nous abandonner sans un mot, ajoute Barbe Verte en se mouchant dans ses doigts.

— La bienséance se perd, conclut Mom Moucher en jetant son mouchoir par terre.

Le purin sent très fort, aujourd'hui. C'est en se bouchant le nez que les inséparables arrivent en vue des quartiers de Bob. Agnès s'exclame:

— On avait oublié les amis de Bob.

— Je suggère d'aller les voir et de leur dire que Bob les attend au village, propose John. J'irai.

— Pendant ce temps, on cherche, poursuit Jocelyne. Mais ne pas savoir où est Bob m'inquiète.

— Raison de plus pour se dépêcher, lance Agnès. Bonne chance, John.

Le garçon s'avance vers le groupe des anciens de sixième année en sifflotant, les mains dans les poches. Un peu nerveux, il espère qu'ils le croiront, car ils n'ont pas des têtes trop, trop rassurantes.

— Salut!

Ti-Guy Bacon se lève.

— Salut. Qu'est-ce que tu fais ici?

— C'est Bob qui m'envoie. Il veut que vous alliez le rejoindre chez Steve La Patate.

— Pourquoi est-ce qu'il n'est pas venu lui-même, hein? demande Barbe Verte, méfiant.

— Je ne sais pas, ça avait l'air secret.

— Je gage qu'il nous attend devant une poutine de mariage! rigole Gomme Balloune. Est-ce qu'il était avec une femme?

— O... ui. Une belle, à part ça.

— Ça ne peut pas être Mary, ça... soupçonne Mom Moucher.

— C'est elle. J'ai entendu son nom. Bob dit de vous dépecer!

Les amis de Bob se regardent sans comprendre.

— D'aller vite.

Ils partent à rire.

— Elle est bonne, celle-là! Se dépecer! Ça arrivera peut-être un jour, mais pas aujourd'hui, s'esclaffe Barbe Verte. On y va!

Ils enfourchent leurs motos, démarrent et prennent la direction du village. John soupire de soulagement.

Jocelyne fait renifler à Notdog tout ce qu'elle a en main pour aider son chien: la carte, l'étui de cuir et la bourse qui contenait les pierres.

— C'est quasiment impossible. Mais cherche, Notdog.

«Ça ne sent pas grand-chose par rapport aux cochons, ça.» Qu'à cela ne tienne, un ordre est un ordre, et Notdog part, nez à terre.

* * *

Les quatre motards ne sont pas allés bien loin; ils sont tombés sur Bob et Mary.

— Vous n'êtes pas en train de fêter vos noces? demande Gomme Balloune.

Le regard de dégoût de Mary ne laisse pas de doute quant à ses sentiments pour Bob. Cette idée apparaît aussi complètement farfelue à Bob, qui n'en est pas moins blessé de la réaction de Mary.

— Je vais vous expliquer ce qu'on faisait. D'après moi, on va avoir du plaisir.

Pendant que Bob raconte, non loin de là, Jack Russell attend pour emprunter à son tour le chemin qui mène chez Bob.

* * *

«Il y a tellement d'odeurs répugnantes et puantes! Notdog n'a pas la tâche facile», se décourage Jocelyne.

Elle ne sait pas que Notdog s'amuse comme un fou. Il va de tous les côtés, le museau frétillant. Le voilà qui se dirige résolument vers le réservoir à purin, qui est à ciel ouvert. Les inséparables le suivent, le coeur battant.

Une fois à côté du réservoir, Notdog va et vient. Il a le museau couvert de terre. Il halète, s'excite, revient sur ses pas et décrit une spirale qui rétrécit sans cesse.

Enfin, il s'arrête devant un enclos où une truie allaite six petits cochons roses. Il se met à creuser le sol.

— Bravo, Notdog! Tu es un bon chien! s'écrie Jocelyne.

— On pourrait peut-être l'aider…

Bob arrive avec ses cinq amis et autant de pelles.

Chapitre XI
Le trésor d'Anne Bonny

Les inséparables regardent avec étonnement ces adultes se transformer en créatures mi-humaines, mi-animales, certains creusant le sol avec leurs mains. Sauf Mary et Bob, qui ont ligoté les enfants et attaché Notdog à un arbre.

— Ça va te coûter cher, Bob, dit Agnès.

— Si tu penses que je vais vous laisser avertir la police ou je ne sais pas qui, tu te trompes. Vous serez relâchés seulement quand on sera loin avec le trésor.

— En piraterie, on se débarrasse normalement des témoins… insinue Mary.

Bob ricane:

— Si on était sur un bateau, on les ferait avancer sur une planche au-dessus de la mer et puis plouf! dans l'eau! Plus de microbes!

— Que dirais-tu de plouf! dans le purin? suggère Mary.

À ce moment-là, les inséparables prennent peur. Bob aussi. Il trouve soudain sa *voyouze* peu rassurante.

— Tu sais, Bob, moi, je ne ferais pas confiance à ton amie. Selon moi, elle veut s'enfuir toute seule avec le trésor.

John poursuit:

— Tu sais que Mary Read ne peut pas être son vrai nom. C'est celui d'une femme pirate du XVIIIe siècle.

Regardant Mary droit dans les yeux, Bob réagit avec grand calme:

— Qu'est-ce que tu as dit sur mon âge

mental, hein? Tu pensais que tu réussirais à m'avoir? Je savais que ce n'était pas ton vrai nom.

— Ah oui? demande Mary, méprisante.

Elle exhibe alors un pistolet, comme ceux qu'on utilisait au XVIIIe siècle.

Pendant que se mesurent Bob et Mary, Notdog se défait de son collier. Jocelyne le voit et sourit à l'idée que Jack Russell voulait qu'elle le resserre. Elle est contente de ne pas l'avoir écouté. Elle fait signe à son chien de venir près d'elle. Elle lui ordonne, tout bas:

— Tire, mon chien, tire.

Il saisit entre ses dents le bout de tissu qui a servi à l'attacher et commence à le déchirer.

Au moment où les liens sont défaits et que les inséparables vont déguerpir, au moment où Mary remercie Bob de l'avoir menée au trésor, à ce moment précis, la pelle de Gomme Balloune frappe et dévoile un coffre.

— On l'a! crie-t-il.

C'est alors que Jack Russell entre en scène.

Chapitre XII
En direct de l'île de la Tortue

— Police! Que personne ne bouge!

La surprise est grande pour tous. Pour Mary d'abord, qui perd son aplomb. Les trois secondes qu'elle met à réaliser que celui qui crie «Police!» n'a pas d'arme sont de trop, car Bob en profite pour lui enlever son pistolet.

— Ça va, les gars! lance-t-il à ses amis.

Mais déjà, sur l'ordre de sa maîtresse, Notdog lui mord un mollet. Jack Russell saisit le pistolet des mains de Bob et se penche vers Notdog.

— Tu es vraiment un bon chien. Un très, très bon chien.

Bob essaie d'insinuer qu'il s'était emparé du pistolet pour le remettre au policier, évidemment. Ses amis, aussi hypocrites les uns que les autres, abondent dans le même sens.

— Jamais Bob n'oserait utiliser une arme, l'assure Barbe Verte.

— Ah non? s'étonne Gomme Balloune.

Il reçoit alors un coup de coude de Mom Moucher. Et Ti-Guy Bacon s'enflamme:

— Jamais, monsieur le policier. Nous sommes d'honnêtes voyous!

Sans bruit, Mary recule vers le bois. Les inséparables l'arrêtent.

— Où allez-vous? demande Agnès.

— Tassez-vous, les microbes.

Quand Notdog la voit pousser Jocelyne, il bondit, vient se placer devant elle et lui montre ses crocs un peu jaunis.

— OK, dit Mary, tout doux. Ton chien a besoin d'un détartrage, lance-t-elle à Jocelyne en rejoignant Bob.

Jack Russell profite de l'avantage de son pistolet, en espérant qu'une vieillerie pareille fonctionne.

— Tout le monde s'assoit. On va jaser. Ce trésor peut attendre encore un peu.

Ça grommelle, ça chicane, ça marmonne, ça peste, ça ronchonne et ça rouspète. Mais tout le monde obéit.

— Alors, madame Read, que dirais-tu de nous révéler ton vrai nom?

Mary prend un air provocant.

— Je m'appelle Mary Read et je suis l'héritière du trésor d'Anne Bonny.

— Ah oui? Comment ça? demande Agnès.

Mary se lève, solennelle. Elle remonte une des manches de sa chemise et montre son tatouage du *Jolly Roger*.

— Voici la preuve. Il n'y a que l'héritière d'Anne qui porte ce tatouage.

Bob et ses amis se tournent vers Gomme Balloune.

— Mais M. Balloune a le même, riposte Jocelyne.

— Impossible! fulmine Mary.

Gomme Balloune vient comparer son tatouage avec celui de Mary: ils sont identiques.

Jack Russell tousse un peu pour se donner une contenance et, avec un air sérieux, demande:

— Où êtes-vous nés, tous les deux? Toi, Mary?

— À Shippagan, port de mer où Anne a abouti avec sa fille. Elle y a fini ses jours sous une fausse identité. Elle est mon arrière-arrière-arrière-arrière-arrière-arrière-grand-mère.

— Et toi?

Gomme Balloune, les yeux humides, revoit son enfance lointaine.

— Je ne sais pas trop. J'ai été adopté par un orphelinat. Il paraît que j'avais déjà mon tatouage. Sur le mot dans mes poches, on avait écrit: «Prenez-en soin. Et s'il a un enfant un jour, il doit le faire tatouer, comme lui, en souvenir de sa famille.»

Un moment, les inséparables sont émus devant ce grand dadais larmoyant.

Jack Russell parle en s'adressant à Notdog.

— Il y a des années que je suis sur cette piste. Et j'ai réussi à trouver la trace d'Anne Bonny. De l'île de la Tortue, le fameux repaire de pirates, jusqu'ici. Car elle s'est sauvée très loin, avant d'aboutir ici. Sous une autre identité, bien sûr.

«C'est sur l'emplacement de sa maison qu'a été construit le Pirate Maboule. Elle y est morte, d'ailleurs, et n'a jamais mis les pieds à Shippagan. Elle est aussi arrivée ici sans enfant. Soit il est mort, soit elle l'a abandonné en chemin...»

— C'est moi! hurle Mary.

— Non, c'est moi! crie Gomme Balloune.

— Peu importe, dit calmement Jack Russell. Aujourd'hui, ce trésor est à moi.

— Quoi? demandent-ils en choeur.

— Vous allez me déterrer ce coffre, commande Jack. Plus vite que ça.

Le pistolet qu'il tient est convaincant.

— Un faux policier, murmure John.

— Y a-t-il quelqu'un de vrai ici? s'exclame Jack Russell.

Bob et ses amis vont pelleter, pendant que Jack Russell surveille Mary et les inséparables de près. Lentement, le coffre est déterré. John se penche vers ses amies et murmure:

— Un si vieux pistolet ne doit tirer qu'un seul coup.

— Il faut utiliser Notdog, dit Agnès.

— C'est trop dangereux pour lui... Mais il est le seul qui pourrait...

Jack Russell se tourne à demi vers les inséparables.

— Oh! Ce chien! Je le garde. Il a un flair exceptionnel. Notdog, viens.

Impressionné par le dresseur, Notdog obéit. Jocelyne l'appelle. Jack Russell lui

ordonne de rester. «Ça ne fonctionne pas comme ça dans le cours, pense Notdog. À qui dois-je obéir?»

Jocelyne sort alors un biscuit de sa poche. Notdog a la réponse à sa question. Elle lance le biscuit entre les jambes de Jack Russell. Notdog bondit et fait vaciller le dresseur. Les inséparables sautent sur lui. John s'empare du pistolet et le jette à bout de bras dans les bois. On entend la détonation au loin.

À partir de là, c'est la pagaille générale. Chacun se précipite sur le trésor, le veut pour lui. Ti-Guy Bacon, le plus fort, ouvre le couvercle.

— C'est quoi, ça?

Le coffre contient une bouteille de verre hermétiquement fermée. Dedans, on voit une mèche de cheveux roux. Dans une autre, une mèche de cheveux gris. Un sac de tissu s'effrite: en tombe un écu.

Il y a aussi un dessin représentant le *Jolly Roger*, un couteau à la lame usée, une boucle d'oreille en forme d'anneau et, dans une bouteille claire, un papier plié. Ti-Guy remet la bouteille à Gomme Balloune.

— Après tout, il s'agit peut-être de ta famille.

Gomme Balloune l'ouvre. C'est une lettre en anglais. Il la tend à Mary.

— Peux-tu nous traduire ça?

— Je ne connais pas l'anglais, avoue-t-elle, penaude.

— Moi oui, dit John qui se met à déchiffrer l'écriture fine et rouge.

Je n'ai plus rien, moi qui ai abordé tant de vaisseaux, le couteau entre les dents, moi qui ai vu et tenu tant de richesses. Je laisse, pour qui trouvera ce coffre, une trace de mon passage sur Terre. Je suis Anne Bonny, la grande pirate. J'ai aussi confié mon enfant à une bonne famille, pour son bien. Je manie mieux la lame que le berceau. Ce geste aura été le seul généreux de ma vie, qui fut pleine et si excitante.

Mary est amère:

— Il n'y a rien de valeur là-dedans. Avoir su, je n'aurais pas souffert le martyre à me faire tatouer ce bateau-là! Ça m'apprendra à croire les histoires de Québécois qui immigrent chez nous!

— Ce n'est pas fini, continue John.

Il y a aussi les rubis. Ceux-là sont restés cachés chez moi. Sinon ça aurait été trop facile. Canada, 1750.

C'est à qui courra le plus vite vers les ruines du Pirate Maboule. Tous s'y précipitent. Sauf les inséparables, bien sûr.

Chapitre XIII
Rubis sur l'ongle

Le lundi de l'Action de grâce est encore plus ensoleillé et chaud que les autres jours de la fin de semaine. Il y aura certainement au village un record d'affluence.

Depuis le matin, Steve La Patate a déjà servi cent «deux oeufs-bacon». Poutine, sur son perchoir, ne cesse de répéter: «Trop baveux, tes oeufs, Steve!»

À leur table préférée, les inséparables dégustent un chocolat chaud, gracieuseté de la maison. Notdog, lui, gruge une boulette de steak haché gelée. La pancarte qui lui interdisait l'entrée a disparu. On ne traite pas en paria le chien qui vient d'enrichir le musée local d'un pan de son histoire avec le trésor d'Anne Bonny.

— Je me demande jusqu'à quelle heure ils ont cherché au Pirate Maboule, dit Jocelyne.

— Ils ont dû tout arracher, imagine Agnès.

— Croyez-vous que Gomme Balloune est le vrai dessin d'Anne Bonny?

— Descendant, John, pas dessin, le reprend Agnès. Qui sait?

Ce qu'ils savent, par contre, c'est que Jack Russell a quitté l'auberge hier soir.

Une voix furieuse retentit.

— C'est quoi, ça: INTERDIT À BOB?

Bob Les Oreilles Bigras entre avec l'écriteau qui était collé sur la porte.

— Ah non, pas lui! crie Poutine.

— C'est une blague, ricane Steve, bien content de son petit effet.

— Très drôle, marmonne Bob.

Il se dirige vers les inséparables.

— Où sont tes amis? demande Agnès.

— Partis.

— Et Mary Read?

— Partie aussi. En passant, son vrai nom, c'est Josée.

Il se penche vers les enfants et chuchote:

— C'est Bob qui les a trouvés, les rubis. Hi, hi! Mais il ne l'a dit à personne. Et vous n'en saurez pas plus.

— Donc, c'est toi qui gagnes le concours

de menteries, conclut John.

Bob ne relève pas l'allusion et va commander un hot dog pour déjeuner.

Leurs chocolats terminés, les inséparables sortent. Ils arrivent à la limite du village et s'enfoncent dans le bois. Près de nulle part, Jocelyne donne un ordre à son chien en touchant le sol.

— Creuse, Notdog.

Notdog commence à creuser. Quand le trou est assez profond, Jocelyne y dépose la bourse contenant les rubis. Puis, elle couvre le tout de terre et de branches. Ensuite, elle offre deux biscuits à son chien.

Notdog n'en revient pas. «Je ne comprends pas. Est-ce que je dois déterrer ou enterrer les choses?»

Ils reprennent le chemin du village. Notdog gambade, alors qu'on peut entendre la voix d'Agnès se perdre dans le vent doux en disant:

— On aura certainement cent pour cent pour notre travail.

Table des matières

Chapitre I
La vie qui sauve la vie 7

Chapitre II
Qui a eu cette idée folle, un jour, d'inventer l'école
de dressage? 9

Chapitre III
Peut-on dresser un motard? 17

Chapitre IV
Quand Notdog joue aux cartes, ça brasse! 23

Chapitre V
Qui veut jouer au paquet voleur? 29

Chapitre VI
Le féminin de voyou est-il *voyouze*? 39

Chapitre VII
Roche, papier, ciseaux, allusions 49

Chapitre VIII
Le télésiège en folie 55

Chapitre IX
Points de repère et repaire de pirates 69

Chapitre X
Le ffffflair de Notdog 73

Chapitre XI
Le trésor d'Anne Bonny 79

Chapitre XII
En direct de l'île de la Tortue 83

Chapitre XIII
Rubis sur l'ongle 93

Achevé d'imprimer en août deux mille cinq chez Gauvin, Gatineau, Québec